**Antologia de Versos
Nunca Consagrados**

**Antologia de Versos
Nunca Consagrados**

Pedro Sanson

Copyright © 2023 by Editora Letramento
Copyright © 2023 by Pedro Sanson

Diretor Editorial Gustavo Abreu
Diretor Administrativo Júnior Gaudereto
Diretor Financeiro Cláudio Macedo
Logística Daniel Abreu e Vinícius Santiago
Comunicação e Marketing Carol Pires
Assistente Editorial Matteos Moreno e Maria Eduarda Paixão
Designer Editorial Gustavo Zeferino e Luís Otávio Ferreira
Revisão Daniel Rodrigues Aurélio
Capa Teresa Cristina
Diagramação Renata Oliveira

Todos os direitos reservados. Não é permitida a reprodução desta obra sem aprovação do Grupo Editorial Letramento.

Dados Internacionais de Catalogação na Publicação (CIP)
Bibliotecária Juliana da Silva Mauro – CRB6/3684

S229a   Sanson, Pedro
           Antologia de versos nunca consagrados / Pedro Sanson.
           - Belo Horizonte : Letramento, 2023.
           138 p. ; 14cm x 21 cm. - (Temporada)

           ISBN 978-65-5932-350-0

           1. Poesia. 2. Antologia. 3. Poema livre. 4. Maiakóvski, Vladimir. I. Título. II. Série.

           CDU: 82-1(81)
           CDD: 869.91

Índices para catálogo sistemático:
1. Literatura brasileira - Poesia 82-1(81)
2. Literatura brasileira - Poesia 869.91

LETRAMENTO EDITORA E LIVRARIA
Caixa Postal 3242 – CEP 30.130-972
r. José Maria Rosemburg, n. 75, b. Ouro Preto
CEP 31.340-080 – Belo Horizonte / MG
Telefone 31 3327-5771

É O SELO DE NOVOS AUTORES
DO GRUPO EDITORIAL LETRAMENTO

Weirdo's Manifesto

The All-Powerfull
made some of us out there **real weirdos**,
we shan't be shy:
why waste this blessing?

Francisco Neubauer

Manifesto dos Esquisitos

O Todo-Poderoso
fez alguns de nós **baita esquisitões**,
nós não deveremos nos acanhar:
por que desperdiçar essa benção?

sumário

11	Cadafalso	39	A vida d'um Rei Citadino
13	Por que eu escrevo?	40	Antologia de versos nunca consagrados
14	Aos meus amigos	41	Espancamento na frente de uma placa de trânsito
16	Amor de inverno - 21/12/2021	42	Poesia sobre Nathália
17	Samba de Jaraguá	43	Roubei-me a beleza dos meus versos
18	Odeio espelhos	44	Viagem na sombra dos galhos
19	Galho torto	45	Pacata Galinha
21	Arranjo meu	46	Chuva de maio, flores de outubro
22	Amo-te banquinho azulo	47	Anoitecer d'alma
23	Merdamorfose	48	Agosto
25	A casa da minha vó	49	Não sei bem o que estou fazendo aqui, mas e ele?
27	Poesia é azia!	52	Metamorfose
29	Nasci cimento	54	Incelença do suicídio inexorável
31	Poesia torta	55	Amor
32	Meu amor	56	Pássaro canta dor
33	Inverno		
34	Preen cimento		
35	Esque cimento		
37	A pobre inquisição d'alma inquieta.		

57	Desencontros / Desen contos
58	Pequeno haicai sobre o tudo que existe do outro lado do mundo.
59	Um pedaço não tão bonito do meu coração
60	Brabuleta
61	Poema da separação
62	Hoje não tive ideias para escrever poema algum; acontece mais do que eu gostaria...
63	Encontro
64	Falta de sono e/ou medo e/ou confusão e/ou barafunda (gosto dessa palavra - sono -)
67	Memórias guardadas nos poemas e canções e/ou Jáis-pereta-crene
70	Poesia-crônica de um sonho meu
74	Margarida no deserto-incerto
76	Teto mofo, janela muro, escada cimento
78	Sobre Ser Humano
81	Flor do pântano do morrer
82	Desconheço o Todo e a Totalidade e a Completude...
84	Em Sampa, Abraço-Perdido é Suicídio
93	Tarde chuvosa de verão na fazenda
94	Amor, amor, amor, você ainda quer morar comigo?
95	Três passarinhos
96	Santa Aparecida
97	Ela samba
98	Viagem ao litoral
100	A sombra do tempo
102	Tratado sobre os agouros

111	*Horrorosos Sonetos Horrorosos*
112	Tarde de Preguiça
113	Dois Cavaletes na Rua dos Peixes
115	Madrugada Amorfa
116	Furta-Cor
118	Janela
119	Em março, quando eu fazia física
120	Afundamento
121	Sonhos Mudos
123	Ocupação dezembrina antes do temporal
125	Amo
127	Submarino
128	Pastel de Feira
129	Cabeça baixa Coluna torta
131	Tempestade
132	Rio de Janeiro e/ou Ventilador de Teto
134	Não choreis, um dia nos encontraremos no céu
135	Domingo. Tu
136	Último Poema

Cadafalso

Machadem-me a cabeça sem tardar!
Em mim há muita coisa presa,
Em meu solitário ádito,
Com as quais não sei lidar.

Em profundezas minhas não há luz…
Apenas o cheiro terrível das promessas
Juradas por um rio maldito;
Por Estige remarei com a cruz.

Manchem-me de mim meu patíbulo!
Fingirei que vocês não estão mais aqui
Assim que um verme abraçar minha tristeza;
Gritarei sem dor: Tudo é frívolo!

Devem, imperiosamente, rir…
Finjam também que não estou ali,
Imponham aos seus corações a certeza
De que ninguém tem medo de partir.

Condenem-me por ser assim,
Quis domar um verso que não é meu
Quis para mim um sorriso teu.

Sobre mim esteve sempre a verdade,
O filho do sol há de amar,
O filho do sol há de queimar.

Apertem-me o pescoço no fim,
Aí estará a verdadeira fraternidade.

Em vida, sofri de terrível cegueira,
Pensava ser invicto como Apolo...
Mas descobri-me ser a beira
D'um infindável subsolo.

Nunca caí nem me afastei,
Em vida, sempre tentei.

Por que eu escrevo?

Em palavra sou me inteiro
Da voz do poeta o grito-profundo
Em verso agudo
— Trovão em mar revolto —
Ouso falar com o futuro em raios
Que iluminam os cantos mais escuros
Farol dos esquecidos
                    São eternas,
                              as rimas

Com elas, curvo a lua para que ela
chegue até o canto mais distante
Grão-Pará, Volta Grande ou Santo Amaro
Eu. Cometa errante
Esfacelado no Hospital do Amparo
Viajo até os arcos da maiakoviskaia
Lá. Eu. Minhas lágrimas
Pois não poderei me permitir
                    Esquecer
                              Que Amo!

Aos meus amigos

(Fim de noite, o poeta se prepara para se despedir)

Rebenta-me no peito
O peso da distância.
– Ressenti com impotência!
O que por mim foi feito

(Pergunta ao espectador)

– Por que me afastar?
      Por que me roubar a alegria
      De rever e amar
      Diariamente a boemia
      Das amizades afáveis,
      Das doces risadas incontroláveis

(O poeta se fecha em seu quarto)

Chegará o dia que contarei a vocês, meus amigos,
Confessarei, sem vergonha, que
vos amo eternamente.

Para mim, veja bem, basta estar comigo
Pois sempre que os tenho em mente
A felicidade rebenta no peito,
A alma do infeliz é feliz novamente.

(Ele adentra o canto mais escuro,
escreve na penumbra)

Percebo com cada reencontro,
Sóbrio, drogado ou tonto

Que mesmo um ser perdido como eu
Tem aqueles que são meus
Por isso também sou inteiramente seus

Vá lá que eu seja amargo e perdido,
Mas quando busco um riso ardido
Vocês me trazem o mesmo em profusão
Mal recordo-me d'alma em confusão

Por isso sempre lhes amarei
E um dia, tudo isso, lhes direi.

Amor de inverno - 21/12/2021

Meu coração estava frio
Dentro de mim, assim como na lagoa,
Seguia um formidável rio,
Rio de sangue triste e gélido.
Sinto que viver me magoa
Mesmo assim é tão cálido
O vento que trazes com teu sorriso.
Mesmo assim ele me aquece
E nada mais me entristece;
Saiba que me trazes um guizo
Do qual me enamoro,
E certamente não demoro:
Amo amar-te desde já
Assim lembro-me que há
Um lado bonito da vida.

Samba de Jaraguá

O dia começa meio sem cor,
Uma sinestesia que exala dor...
Reclamo pois sou jovem
Mesmo sem sentir a idade me pegar,
Já começo a me desapegar
De todos que sorvem
Minhas próprias palavras,
Minhas próprias asneiras.

Salva-me de mim doce adolfo,
Soprando sua esplêndida gaita
Tua música me fazia falta...
Tu és um filósofo,
Entende muito da vida,
Sabes que a subida
Pode ser mais fácil
Quando nos deixamos levar
Pelo samba de jaraguá!

Meu amado joão entra em cena,
Debaixo do braço seu violão,
E a alma vira uma pena,
A leveza tira do chão
Quem se deixa levar
Pelo samba de jaraguá!

É isso que eu precisava
Era isso que me faltava
Para voltar a sorrir
E, finalmente, ser feliz.

Odeio espelhos

Sentia Ódio, tamanho ódio
Contra tu... pois és sórdido
Cresce uma Ira, tamanha ira
És tu... és tu quem a inspira

(Não suporto amargurar essa mentira...)

Sempre em rotação, ano após ano,
Espiral de confusão, dia após dia,
Estou-me preso a tua carne vazia
Que reveste meu rosto... desumano

Como dói olhar p'ra você,
Como dói pensar e entender,
Que quase amei a vida,
Mas só me resta esperança... dissolvida

Antes, já fui poeta morto,
Estava pronto p'ra nascer
Agora, sou sabiá rouco,
Canto sem ninguém saber.

Revolto-me com o espelho,
Tua pele perde o tom... vermelho.
Resta-me ser coleção,
Apenas uma terrível junção,
Colagem de tudo que é desprezível...

Como ousas ter um canto tão horrível?
... Tu me deixas perplexo...
Como ousas ser meu reflexo?

Galho torto

Maldito monstro desfigurante,
Estraçalha tudo que tocas,
Por que, arre diabo, não te atocas?
Vá, deixai-me livre da mão rota,
Preciso escrever cousa fulgurante.

Sem ti, bastaria plantar a cor das lavandas,
Lavar minha poesia com'olor do pomar
Saberiam assim que sei pintar e prosar,
Poderia ler-me e, depois, me encantar;
Colheria todas as belezas brandas.

Escreveria p'ra mim sobre as sutilezas;
Tudo aquilo que enriquece, poesia,
Toda música, anestesia,
Tudo que é literatura, magia,
Confortariam minh'alma essas levezas.

Bastaria um pouco de minha poesia ...
Eu amaria em totalidade toda vida,
Ela me amaria de volta, impávida,
E tu, ó musa, estaria sempre servida
De incontáveis beijos e infinitas cortesias.

Mas aqui estou,... preso em mim...
Apenas um poeta-não
Tu, maldita mão, escreve senão
Sobre o nosso tormento. Simples assim,
Tudo é sobre essa infindável dor
Tudo é sobre esse dorido horror
Que é, foi e será,... meu ser... meu coração.

Tu me quebras... Eu me retalho,
Contorço, espalho, sou tronco...
Com mão torta... fria... morta... Remonto.
Luta vã... esparramo meus tristes galhos.

(Tudo que tocas acaba morrendo
Tu, minha mão..., sou horrendo)

Desmonto.

....

Apenas poeta morto...
Escritor torto...
Apenas luz fosca,
Semente tosca.

Arranjo meu

No meu arranjo de carne e osso,
Existirá ao menos um único tesouro,
Apenas uma solitária pétala d'Ouro?

Onde está a saída desse meu alvoroço?
Ah, que ironia... nasci e deram-me o sol,
Mas tornei-me apenas pútrido girassol.

Minh'alma não tem grandeza,
Arranca-me o silêncio, é narciso-veneno...
Repreende-me e faz-me pequeno.

Como és pesada ó torpeza;
Navalha que fere minha flor,
Contigo sou apenas dor.

Vivo sem viver o eterno-sofrer,
Como lavanda seca até morrer...

Um dia, por capricho, viro rei.

Hão de coroar-me com lírios,
Mas comigo também enterrarei...
Os meus próprios delírios.

Amo-te banquinho azulo

Ah doce banco de madeira... vi-te num domingo,
Um anjo repousado sobre teu
corpo, ambos na garoa;
Antes, te achava feio, mas rindo
pensei: "Que banco lindo".

Ambos sob crepúsculo-molhado,
contemplavam a lagoa,
A lua-platina adiantou-se, queria
ver ela e seu fiel assento...
Pergunto-te sol, "como não se
admirar com esse momento?".

Rogo-lhe doce banco, não se
permita esquecer-se dela!
Não deixe a vida levar-nos
também essa lembrança,
E quando eu lhe rever, entre
minha eterna andança,
Desenharemos de memória essa doce aquarela.

Merdamorfose

Dedicado ao meu mais querido amigo,
irmão, e pereta, João; Gritei-lhe
"Merda!", ao sair do banheiro...

Acordei sentindo-me estranho,
Perscrutei minh'alma e achei: "É merdamorfose,
Vivo, finalmente, o tão temido sonho,
o horror algoz da vida, imaginado por Kafka".

Naturalmente, fui ao médico um
ano depois. Ele disse:
"Além de ser merda, tens cirrose".
A ira tomou conta de mim. Gritei: "Vem cá!
Ora seu doutorzinho desgraçado,
não entendes bulhufas!"
Dei-lhe uma série de tapas.
Naquelas orelhas gorduchas.

– Arrombado! Não se diz coisa
assim p'rum paciente,
Um ser tão delicado, finito e morrente;
Ainda gastei uma bela grana para
ouvir tamanha idiotice...
Pois bem, que seja, fiz uma tremenda burrice;

....

A verdade é qu'esqueci-me de trazer mais,
Um bom montante p'ra ter um
diagnóstico melhor;
Nascer, infelizmente, ainda não
é o primeiro primor

Lá naquele útero quente,... Sentia
sono... ah, vagabundeei demais,...

Eu devia é ter trabalhado p'ra não
nascer pelo cu virado pro chão...

A casa da minha vó

Concreto intumesce,
cheio d'água e ferro,…
Tijolo floresce
com carne…
e erro.

Antes puntiforme,
Transforma-se em horror disforme;
Cidade que incha e alimenta-se da pobreza.
Aqui cresce uma favela, aqui nasce nova tristeza.

Minha pupila perde-se numa parede mal pintada;
Alvenaria horrorosa, sob água salina levantada.
Retângulos. Cor. sangue carmesim,
Tingidos com uma vida e seu fim.

A água da chuva esconde-se atrás das paredes,
A pintura entrou em ebulição, a casa virou mofo,
Lá fora, não é diferente, a
miséria deixa tudo torto.
Aqui, no sofá, acostuma-se com a falta de estofo,
Lá fora, alguém foi morto.

É melhor ficar aqui dentro,… evitarei pensar,
E, ao final, tudo há de passar…

Sobre esse caos ecoa:
"Coma da farinha do desprezo,
Viva, mas viva preso,…
Teu sonho é esgoto,
Naturalmente, pela privada escoa;

Longe de nós, deve morrer, por bom gosto".

Ora,
Que sonho febril
Essa desolação...
É o próprio coração
Da vida civil.

E ninguém se compadece,...
E eu tento não pensar,
Olhar me entristece;
Eu deixo tudo para trás... quero me matar.

Pensar me esmaga,
Enche-me d'angústia.
Imagine então...
Viver pelo pão,
Sobre o chão que amarga
O triunfo escarlate da apatia.

Poesia é azia!

O poeta já dizia:
'Para sofrer aqui
basta ter juízo de si'.

Agora, o vermelho amarga,
A papila é verde-escarlate
Manchada pelo verso acre.
Palavra tua me aparta.

Vou embora de mim,
Volto e me vejo assim:
Não me acostumo
Sou ser sem rumo.

Nada fui e nada sou,
A vida já me passou.
Resta-me vazia incerteza
É tudo que eu tinha.

E eu afundo na poesia
e poesia é azia.
Leio a tua tristeza
Encontro nela a minha.

Eu, meu próprio algoz,
Uso tuas palavras
Com elas dou-me nós
Minh'alma, novamente,

       perdida.

Me procuro, mas é frívolo.
Como quem busca em lavras,
Mais uma vez, nada…
É apenas ouro de tolo.

Pedaços de mim espalhados por outrem,
Aqui e acolá, em diversas poesias
E poesia é azia,
Talvez eu seja também.

Nasci cimento

A Parede branca do meu quarto,
Aos poucos, acumula bolhas intra tinta...
Devagarinho ela se desfaz e descasca.

Acho que minha mãe – quem me pariu –,
Esqueceu-se que a chuva molha extra tinta...
A água mofa também a minha casca.

Infiltrações crescem aos poucos em meu rosto,
Sobe em mim a Água do esgoto,
Sinto na raiz teu virente-gosto.
Nasci em junho, mas já é agosto...

O Tempo é o fim,
Só o percebemos
Quando enfim
Morremos...

....

Vermes pululam da mesma clareira,
Perscruto seus rastejares.
Nos buracos da parede... milhares
Ali, naquele mofo exposto, vidas inteiras.

Diz-me o leitor experiente,
Para que eu não sofra pois
somos todos morrentes,
Mas as suas palavras sempre se perdem
Mas as suas palavras me encontram sempre só.

Agora tudo é nada, nada é tudo, tudo é pó.
Agora todas as paredes brancas estão mofadas....
Uns não tem medo de morrer,
Mas todos têm medo de viver.

Acho que é assim,
O início do fim...

Revejo meu nascimento, Terrível momento,
terrível tormento... nasci cimento.

Poesia torta

Desespero lânguido,
Já nasci envolvido
Por uma Natureza morta.

Homem vive a Destruir
Com o fim de construir
Velha tradição torta.

O demônio faz parte de mim,
É mais humano que o homem.

A fome de outrem
É o nosso sustento.
No inferno, a morte vira gurufim,
E o diabo divide o alimento.

Meu amor

Um abraço; aperto teu corpo no meu,
Alegro-me até mesmo sem motivo.
Dois sorrisos em uníssono,
Isso me basta, e por isso meu coração é teu.

Amo eternamente tua companhia,...
A lua sobe e desce, mas não sinto sono.
Encanta-me mais uma vez teu olhar cativo,
Júbilo que não cabe em poesia.

Caracóis contornam teu rosto,
Estrelas reluzentes de ti brilham
Doce escarlate dos teus lábios que eu gosto.

Meu eterno amor,
Esqueci-me da rima por ti...
Logo no meu primeiro soneto.

Inverno

Ó solitário sol,
Levanta-te impávido!
Contra o ar quebra-queixo de junho.

Morreu um girassol,
Nasceu um bebê ávido...
Ansiando reescrever o próprio rascunho.

Ó solitário sol, vence o inverno,
Pois já é dezembro e teu calor me diverte.
O asfalto sob meus pés, quente como inferno
Em dezembro nem São Paulo é inerte.

....

É março e já cansei-me de ti,
Vá e deixe a platina lua aqui.
Agora, meu espírito também se distrai,
Solitária luz que vacila e cai.

Restos de mim em meio à escuridão,
Pedaços que vêm e vão.
... Inverno... é junho novamente.
Ontem, venci a morte, mas de repente

O fim, Enfim.

Preen cimento

Certa feita encontrei-me em ti,
Percebe-se-me que O meu vazio,
Antes preenchentemente frio,
Desapareceu quando me fizeste sorrir...

— Escondo-me atrás do meu rosto,
Mas amo-te infindavelmente
Meu olhar risonho não mente,
É de ti que eu gosto.

Esque cimento

Dente de leite escorreu e fugiu,
O rio nascido de teu buraco também sumiu.

Galopando seguirá o Passado, a passos largos,
logo fugirão as alegrias deixando
apenas o amargo,
Amarga é a solidão de perder-se em si,
Penoso é o castigo de esquecer-me de ti.

Antes, Ria com bolhas d'água
na banheira de plástico,
Mais um dente escorria pelo ralo, — Fantástico!
Acertava com palmadas a superfície,
Alheio ao enrugar d'minha
mão... perdia a molequice
Enquanto brincava de ser feliz,
Enquanto sujava-me de cera de giz.

Galopando seguirá o Passado,
mais distante de mim,
As memórias tornar-se-ão
brancas como marfim,...
Já esqueço-me dos contornos e
das rugas d'minha bisa...
Sua pretérita carne agora parece-me lisa.

Escultura marmórea nunca esculpida,
Assim será o passado d'minha vida...
Obelisco amorfo...
O belisco a morfo...
O be lis co a mor fo...

Lembro-me de quebrar o dedo,
Mas acho qu'o nariz já nasceu torto.
Obelisco amorfo…
Mofo…

Galopando seguirá o Passado,
engolindo meu futuro,
Três vezes apagando o que eu amo com teu andar.
Levando até o meu próprio olhar,
Verde morto, mofado… olhar duro.

Esqueci-me de mim,
Esqueci-me de sonhar,
Vivi, mas esqueci.

A pobre inquisição d'alma inquieta.

Vergasto o teclado com meus dedos
Peso as ideias que me machucam
Rasuro papel com tint'azul.

O coração humano é ânfora dos meus medos,
E meus próprios escritos me crucificam,
Mão torta...
　　　　Sem norte,
　　　　　　　Contento-me com o sul.

....

A grande inquisição persegue-me a alma,
Flutuo no lago das dores vermelhas.
Verme violeta que me mancha a mão...

O *gentleman* cochicha-me o sermão:
O donairoso vazio não acalma,
E a divina imortalidade ficou velha.

Flutuo no espaço vazio da consciência,
Procuro em mim minha existência.

Nada

....

Escrevo escrita abortada,
Mataram Deus antes d'existir meu espírito,
Minha voz é eterna reverberação; repito,

Minha voz é etérea imitação...

A beleza padeceu em obras pretéritas,
Porém o inferno nunca foi capturado.
Vivente, em nós, o Algoz,

Minha voz é sensível automutilação...

Existirá qualquer benevolência eférita
Em mim, pequeno herói rasurado,
Enclausurado por meus nós?

Minha voz é grito violento de perdão...

Pois, que a bondade seja apenas
A autocontemplação da capacidade humana
De superar suas próprias fraquezas.

A vida d'um Rei Citadino

O aroma d'amônia enche-me as narinas,
Os olhos chegam a lacrimejar.
Queimo-me com fumo de Catarina,
Espanta o mijo. cãozinho de rua...

Anoitece na cidade latrina.
Eu, o abarrotado ônibus e a lua...
Os postes se travestem de cruz,
Da condenação alheia, vertem à luz.

"Precisando de dinheiro?", lê-se-me na estampa,
O ônibus sacode e tudo se embaralha,
Enjoado respondo, "Queria é ficar à pampa".

Novo sacolejo, bati a testa,
... meu sangue é vermelho gentalha ...
Ha! A vida é uma festa.

Antologia de versos nunca consagrados

A poesia nasce da palavra,
A palavra, por sua vez, nasce das letras
Que semeiam, singularmente,
no coração,
Que florescem, magistralmente,
nas mãos.

....
....

A ânfora celeste derrama as diárias feiras,
Mesmo com chuva, sinto
minh'alma que não aflora.
Esqueci-me de mim em algum canto,
E nunca encontrarei nada que valha encanto...

Espancamento na frente de uma placa de trânsito

Eu. Meu séquito. Sentados à pampa...
Contorço-me. Esqueci de mijar antes.
Riem. Outro dia mijei na tampa
duma privada d'um lugar qualquer por aí.

Vou embora pra cama. Já é tarde.
Pregar os olhos. Antes do
bicho-fome que me persegue.

A barriga dói. Acho qu'é de tanto rir.
Não enxergo coisa guma. Daí cabeça pula...

Pula... Do pescoço ao chão.
A barriga dói. Quebraram-me a vírgula...
A palavra escapa. Agarro-a na mão.
Imploro que parem. A voz tremula.

Ah
    Uuu
        Favro Praa

Não entendo nada
        Do que eu mesmo falei.
Fraturaram meu verso...
        Vejo um
poste iluminar a placa:

PARE
    (Por favor, eu imploro)
        PARE

Poesia sobre Nathália

Arde em meu coração
              O aconchegante
calor do teu verão
Sonho em ver-te toda véspera
              Das nossas
floridas primaveras
Teu amor semeia em mim
              Uma poesia sem fim
Só posso terminá-la contigo
              Daqui há muitos outonos
Desbotar-se-ão todos ipês-amarelos
              Mas quero ter-te comigo

Roubei-me a beleza dos meus versos

Todo verso já tem rima,
Toda beleza foi imprimida
Em papel,... em tinta
Toda poesia escrita
É mais uma beleza perdida
Beleza doce,... dorida... inalcançável sina.

Eu não sei quem escreveu
Aquele verso meu...
Nascido no frio latente de junho,
No qual encontrei-me... uma vez fui tudo.

... Não sei...

Sei que palavra minha não me satisfaz.
E tudo foi escrito em pedra,
Doçura encontrada em Jais,...
E antes mesmo de junho, já morreu Fedra...

... Fracassei...

Minhas letras secam como folhas
Perdidas em seco coração deserto.
Sob meus pés já sumiram as alpondras
Que alçavam-me do incerto...

Porém,
O que me resta além de escrever?

Viagem na sombra dos galhos

Os raios de sol dançam entre as folhas,
Pulam entre os galhos d'alta copa basta.

A luz derrama-se no verde
Que fica ainda mais verde.

Uns poucos conseguem sentir o que resta
Do meu rosto repousado no tronco...

Meu corpo esconde atrás de si
A sombra que molha
O espírito calado,...
Banhado
Em lágrimas.

O céu tem nuvens de bom tempo...
Há muitos ventos que não me sinto assim,
Tomado de uma trágica felicidade
Deslocada em meio a tantas lástimas.

Gosto de perder-me em árvore,
Alento-me nas pontuais alegrias;
Mas sinto um certo medo aqui...
A sombra, as folhas... gostam de mim?

Pacata Galinha

A galinha vive no galinheiro
Cuida de tudo o dia inteiro
O galo canta, canta,
Cansa, e depois descansa.

Chuva de maio, flores de outubro

O pinheiro brasileiro cresce forte.
Lança-se para cima, foge da morte
Mas sorve dela com suas raízes
Para alimentar as folhas tenazes.

Tens medo de imaginar
Que um dia vão lhe derrubar?...
Vejo que teu tronco não treme na chuva,
Mas nunca choras a solidão em
meio a tanto eucalipto?

Peregrino vento uiva na fresta da janela,
Parado, vejo-te através dela...
Gotas escorrem em pequenos rios,
N'água, o reflexo da minha face turva,
O olhar e o coração de pássaro aflito.
Esperando a tempestade passar,
Ansioso,... eu também quero voar.

Anoitecer d'alma

Canto meus desencantos,
Aos prantos, apenas mais uma vez

O lago pincela em si a lua,…
O canto dos pássaros morreu,
Em silêncio — desisti —, vocês esperam nascer.

De mim, a sombria solidão sorveu
Toda existência qu'ousou um dia viver.
Restou-me apenas minh'alma na rua…

O fracasso meu
Alçado ao céu.
Apartado de mim,
           Eu fui meu fim…

Agosto

A contragosto,
Já é agosto.
Ah, meu rosto
Já é desgosto…

Não sei bem o que estou fazendo aqui, mas e ele?

(Sentei-me num banco de praça,
em uma praça qualquer)

Nasci morto, meu bem,
Porquanto minha mãe não é ninguém.
Igualmente, morreu também
Quem não é filho d'alguém.

Pelo inferno, procurei significado
Mas nada, absolutamente, foi encontrado...

Eu sou somente o vazio,
Eu fui somente o frio
Daquela maternidade,
Do dia primeiro,
Do choro primeiro
Imerso em viva insanidade...

Sufoco em meio a tanto ar;
Viver sem saber o que é viver,
Finjo não ligar p'ro que não posso entender
Finjo não sufocar quando tento respirar...

No inferno queimaram minhas mãos,
Presente d'Ele para mim,
Dedos regularmente disformes
Mãos que não podem criar.
Assim, inepto a desafiar
A minha própria criação,...
Minhas letras me são
Todas,... ratiformes.

Morre um, dois, três,...
Quando é minha vez?
Quando pararei de escrever,
Quando deixarei de ser?

(Vejo um antigo morador de rua)

Qu'importa?
Essa terra é de ninguém,
Essa natureza é morta...
A Liberdade nada tem
Além de uma pobre alma
Repousada em papelão.

Peço-me calma,
Ao deparar-me com a questão:
Se eu sofro por mim
Imagina o que ele sente assim

Faz muitos anos agora em junho
Qu'eu lhe testemunho
Em seu amortalhamento karamazoviano...

Certa feita, nobremente leviano,
Ainda hoje seus abismos são dois
Humilhação e fome
Fome e humilhação,...

Tamanha dor, ele diz, esqueci-me da canção
Que, com bela voz, entoava para Io
Que, com sentimento, falava de amô.

Nasci na beira do Francisco, Ele mo disse,
Ontem, eu já fui grilo cantadeiro,

Tinha terras mas amava mesmo sê violeiro...

Hoje, só gosto mesmo é d'um pouco de arroz,
Pois estou sempre humilhado e com fome,...

Mas visse,
Ele se achegou para mim,
Não te enganes, aqui ou em Jequitinhonha,
Indigente também sonha.

Metamorfose

(Falo zurrando)
Chegue-se mais meu excelentíssimo,
Sente-se à mesa, sirva-se d'ar,
Aqui já não há mais comida,
Mas sempre há história para contar...
Certa feita, um simples homem julgou
Ser ele, o próprio, capaz de sonhar.
Já no dia seguinte se indignou
'Poderia eu deixar de acordar?'
(Acima, acho que assumi a voz do indignado
sonhador, seguirei assim cantando)
Sonho amputado não será sonho,
Enxerga-se o ápice do gozo.
Meus olhos se abrem... E me oponho...
Sem querer,... nunca poderei entender...
Fui a mais temerosa Deidade
Tudo caia 'ante minha vontade,
Deuses acatavam minha palavra,
Criei os céus, os homens, e lhes dei luz
Depois, cansado, releguei tudo ao mar...
E não haveria um que me afrontasse
Sem perder tudo que mais amasse
Enfim... traí-me e voltei ao meu eu.
(Volto para mim e falo com meu
excelentíssimo, seguirei assim grasnando)
Uma vez que o simples homem acordou,
Percebeu-se ser o próprio narrador
Percebeu-se não ser mais o que fora
Restava em si apenas o que é:
Um ser frágil, mui'ignorante,
Exausto mas itinerante...

Aquele que passou pelo rio Tietê, Piracicaba,
Passou pelo Rio, Paraíba do Sul,
Santa Maria também e viu o Manhuaçu
antes de repousar-se nas Lagoas;
Voou como pássaro ao sul,
Viu colinas deitarem-se no mar,
A mata que não acaba, fundida
No infinito e no espelho do céu,
Pulcritude que chama a baleia
Para si, nascedouro,... Conceição.
Voando como pássaro de volta
Ao norte, à casa, ao ninho,
Percebeu ter as almas espalhadas,
Com pálpebras abertas ou cerradas...
(Falo com a minha voz sonhadora gorjeando)
Tenho sonhos tão grandes quanto Fausto,
Tão pesados,... sinto-me tão exausto,
Pergunto se é, de fato, possível,
Se é possível mesmo encontrá-los,
Tornar-me-ei Rei meu ou, de mim, vassalo?
Meu reflexo no espelho d'água,
Sou eu ou meu sonho?

Incelença do suicídio inexorável

Vivo a cantar sempre sozinho,
Abram-me minha cabeça com a certeza
De que achar-me-ão só...
Dentro de mim sou pó.

Ensinaram-me as letras
Para qu'eu me machucasse sozinho;
Ensinaram-me a beber vinho
Para aliviar-me da dor da incerteza

Navalho-me o pescoço como Guy,...
Um tiro na testa ou aqui
em meu coração já retalhado por mim.

Todo grande poeta tem o dom das palavras,
Dar-me-ei um fim o quanto antes...
um fim... Melhor assim,
Ou isso ou ficar velho,... oxidado,
sempre que respiro me mato.

Amor

Amar
Sem doar
É dançar
Sem par.

Amar
Sem parar
Quero te eternizar
Tu,... meu lar

Pássaro canta dor

Encanta-me que ainda no inverno passado
No pé da minha janela, cantaste sua beleza
e seu encanto que comove até o sol.
Ele, obrigado a se repousar atrás
da colina, do descampado,
Lá é apenas a eterna ânsia de
rever-te imersa na delicadeza
Dos sonhos que só tu – ó musa
cantadeira – podes sonhar;
És heroína, és poema epistolar, és
Andrômaca, mas és também girassol
O qual a maior das estrelas retorna,
todos os dias, para te ver e te amar.

Pois, meu amor, seja mais! Seja tu!
As lágrimas que choras, O céu chora contigo
Seja pássaro cantador! Seja tu!
Chores, mas não se esqueça que podes cantar,
Chores, mas não se esqueça que podes amar,
Somente em ti, todo encanto teu encontra abrigo.

Desencontros / Desen contos

(Dedicado ao Senhor a quem não
perguntei o nome, mas troquei apenas dois
versos 'Boa noite, bom trabalho')

Pobre paizinho, quando foi-se embora
de ti a criança que sonhava?
Não consigo acreditar que o
espírito infantil, tão fecundo,
Tenha sonhado em vigiar, do
lado de fora do cinema
Enquanto a plateia se encanta por um ano inteiro
Vigiar,... Sempre esperando qu'algo aconteça.

Pobre paizinho, vejo, em teus
olhos cansados, a rudeza
Que teu rosto adquiriu ao ter os
sonhos roubados do fundo
D'alma... Depois jogados na tela, dentro
d'um shopping em Diadema.
Enquanto a plateia se encanta
por mais um ano inteiro,
Vigias tua vida escorrendo,...
esperando qu'algo aconteça.

Pequeno haicai sobre o tudo que existe do outro lado do mundo.

———————

Pobre o homem nascido,
Nascido para morrer,...
Morrendo com fome.

Um pedaço não tão bonito do meu coração

Desenterrarei meu coração por ti;
Aceita em momentos que precisares.

Dê-me em troca um pedaço do teu seio...
Arrancar-lhe-ei de ti se deixares.

Peço-lhe apenas que de mim não herdes
Tristez'alguma que não seja tua.

Quando partir, enterre-me novamente aqui,
Pois sou tão somente os meus próprios devaneios.

De mim, nunca pude mesmo escapar,
Pois, saia tu; o quanto antes;
tu que inspiras a lua...

A lua para mim é a minha própria solidão,...
E teus sonhos, tão lindos, tão delicados;

Eu tenho medo,...
Tanto medo de apodrecê-los

Tenho medo de acordar antes de ti, acordar cedo,
Ver que teus encantos e tuas ânsias

Acabaram manchados pelo ser retorcido
Bicho tolo-torto-vil; Pelo eu dentro de mim...

Brabuleta

Pensei num poema que esqueci d'escrever...
Distrai-me c'uma borboleta que pousou em ti,
Ela, amarela, feita de uma delicadeza aparente
Doçura que se derramou em teu vestido.
Doces margaridas na imensidão azul,
O próprio céu cativado pelo tecido
Qu'esconde a flor desnuda do teu ser

Sonho sonhar querer te ter aqui,
Queria sempre tua alegria em meu riso carente,
Quero teu calor que me tira do Sul...

Doce borboleta, sonho teu é
eterno – sobre mim – é alado...
Olho para cima, sonhando sonhar
estar sempre ao teu lado.

Poema da separação

Papai

      E Mamãe

Papa e Mama se odeiam
           Pai e mãe se amaram
Mãezinha quem beijou pai
         Foi quem lhe fez gritar 'ai'.
O filho da puta devolveu com tapa também
        A puta decidiu fugir para o além.
Papai
           E mamãe
   No fim sobrou só eu.

Hoje não tive ideias para escrever poema algum;
acontece mais do que eu gostaria...

———————

Encontro

Uma descrição detalhada de um encontro efêmero;

Patente, o fim. Nosso encontro,
desfaz-se com o sibilar
        Do par de vitrais que se revela das
        profundezas do teu corpo.
Sua violência espasmódica desprende-te
do meu dedo maculado,
        Gosto de ti. Suas manchas são
        parecidas com as minhas.

Delicada, quebrar-se-á sob
influência das ventanias,
        Pequena e frágil, mas desfaz-se do
        medo com tanta facilidade…
Veste-se de sangue eivado, carrega
em ti a dor que te foi passada,
        Mas o que para nós resta além
        de gozarmos da mortalidade?
Compartilhei contigo somente as
raras músicas que gosto,
        Aquelas que se assemelham com a
        confusão da minha cabeça.
Seu pouso enigmático… A ti
fui um terrível colosso,
        Mas gosto de ti Joaninha. Tua
        coragem tem a nobreza
De reconhecer em mim o que
compartilho contigo,

Tens empatia, e, por isso, eu te agradeço.

Falta de sono e/ou medo e/ou confusão e/ou barafunda (gosto dessa palavra - sono -)

Pálpebras cerradas
Amanhã só de manhã
Hoje, a cabeça,
Como num divã
Divagando...

Dormir é ruim,
Pior é morrer,
Ambos dão sono
Mas cansativo mesmo é viver
Viver esperando...

É insuportável
Abrir as pálpebras,
E seguir na penumbra
Do dia que não vêm
Madrugada devorando...

É lastimável
Acender a luz
vencido — castigo meu olhar
Só queria em sonho m'esconder
Do homem-rato e da vida-pranto...

... Dormir que é bom...
Nada
Venha. Pois. Distração.
Preciso ensurdecer-me
a cabeça. Iluminar seus cantos...

Na rádio o moço grita
Que devemos ter esperança
Mesmo sem comida
Para nossas crianças;
Que melhor é ir se resignando...

A televisão também castiga
outra vez o olhar cansado.
Marejadas lágrimas ao mar!
Elas não param de cair
No piso – asseado – branco...

... Morrer que é bom
Absolutamente nada
Penso qu'Antes de sumir
Gasto tudo num caixão *Prada*
Chique-Pomba, madeira de santo...

Pensamento-carniça
Fede a exício,
Não me larga;
Martelando-me sem dó
Fico. Tonto. Viajando...

Sono-olho-aberto,
Não tenho mais concerto,
Há aqui uma Tremenda com fusão
E tudo-dói de montão
E o só vai se levantando...

(Queria descansar / Já é tarde / Falta-me o ar /
Será que um dia vão tocar viola em Marte?)
No fim, quebro tudo...
Até o poema!!
Volto com trëma!!!!??

Ah que merda! Só queria dormir.
Porra; quis dor
mir.

Memórias guardadas nos poemas e canções e/ou Jáis-pereta-crene

Começa o baile com um Piano; música
que alimenta a alma; alegrias, angústias e
saudades, todas misturadas em meu coração.
O Pão de Açúcar se curvou para o Bruxo
Que, em sua misteriosa cauda, fez
reverberar as alegrias do pau-brasil.
Nas árvores vermelhas, pa ssarinhos de
todos os lugares; do Sul, do Rio,
De Pernambuco, querem ouvir e
cantar. E se xaxarem. Eu xaxo!

Até meus hirtos galhos,
desprendem-se da casca,
Dançam acompanhando o
músico, em celestial sintonia
Desprendem-se as exíguas flores
nascidas do tronco putrefato
e dança a florida quimera de mim,
tímida-ganso, mãos-de-rato...

Perco-me nas notas que saltitam
no ar; o corpo embalado parece flutuar
Esquecer-me-ei da poderosa
Física, e vou para o espaço visitar Apolo...
Ah Chico, aqui, já quis ter a
coragem de convidar para um chá o amado Surya,
Quem dera encantá-lo com
palestras loquazes que espantam as agonias...

No fim, todos queremos ser um
pouco sol, e queremos a tudo encantar.
Queremos uma plateia inteira que
nos lembre que, de fato, o verso rimado
Será, em algum dia de verão – mui
preguiçoso e feliz –, galhardamente cantado
Pelas vozes que entoam o que se foi,...
pelo pouco de si que ficou no papel.

Sinto saudade dos meus amigos; sinto
saudade da datcha, dos verões passados,
do sol no rosto nas tardes de domingo e das
músicas entoadas pelo meu amado João.

Peço-lhes leitores: cantem! E nunca esqueçam
do violão do João e da gaita do Adolfo,
Nem das aves *piano*, nem do gemido dos
rebanhos, nem dos trovões do céu,
Pois somente nossos cânticos podem
guardar consigo nosso passado-eterno
Onde as dores são trocadas pela nostalgia
dos afáveis amores pontuais.

E até meus hirtos galhos, esquecem-se
que nasceram de doridos sulcos,
Dançam acompanhando o eu-poeta,
e mesmo sem compreender as partidas
Semeiam belezas nascidas daquilo
que já morreu sem sequer se despedir
e dança a quimera de mim, nervosa-galinha,
voz-de-pato-de-chorar-de-rir.

Pois cantem mais uma vez! Afinal,
não precisamos retornar para
encontrar o que já se foi,...

Eu viajo de trem e encontro-me na
datcha com o doce Maiakovski,
E falo besteira, e grito, e sou feliz nesta grande
piada… neste mundo-infeliz-triste-duro
Cantarei as melhores memórias dos melhores
amigos conforme a cabeça manda.

Poesia-crônica de um sonho meu

Acordei,
    Fechei o olho
E mais uma vez...

....

Segunda,
    Mas ainda há orvalho
D'água do céu
    Do passado domingo
Nas flores
    Do dia que floresce.
Flutuo

    Na carne profunda.
Balouço
    Nos devaneios mais lindos...

Sou abelha,
    E bebo do mel
Das sementes
    Nascidas somente
Depois de gestarem
    Pelo tempo que precisarem.

....

Acordei!
    Arre, corpo-mal-dito
Tornei-me mármore,
    Esculpi-me

Capturado-pela-trama,
    Confinado-em-si,
'inda não nasci...

Fiz-me em chumbo,
    E os lábios-cerrados
Por mim, não podem abrir
    E os olhos obedecem
As mesmas leis da matéria...
    Uma vez solidificados
Tornaram-se imutáveis.

Intransigentes porém
    Abrir-se-ão antes do além!!
Impaciente, meu bem,
    Não esperarei
O Tempo de outrem.
    Eterna, só minha recusa!
Como poeta que sou
    Rejeito sua Criação,...
Entoarei só a nossa canção,
    Própria dos Homens,
Pois só nós sabemos
    O que é viver,
Só nós podemos amar
    E amando sofremos
Pelas promessas
    De felicidade ulterior
De quem preencheu
    Todos seus vazios
Ainda no dia anterior.

*(Defronte para o espelho do banheiro) Canto
o passado, Pela miséria perpassado*

Lavo-me com'água

Do que foi o Tietê

Hoje é um esgoto a céu aberto

Jogo bola no areal
    Dos campinhos de Itapecerica

A miséria do passado me deixa boquiaberto.

Apanho goiabas
    Num casarão em Mogi

Ali ecoavam sons de chibatadas.

Escrevi meu primeiro poema
    Sob olhar do antigo convento

Voz das aflições das almas empenadas.

(Tomo banho antes de sair para trabalhar)
Sou o presente, Sei da miséria patente

Acompanhe-me, pois, meu amor,
    Também sinto a mesma dor
Que sentes ao perscrutar,
    Desesperada, nosso entorno
És por viver
    Presa a um futuro sem retorno.
Mas que fazer
    Com o amanhã que vai raiar?
Ele, sem pedirmos,
    Esmagar-nos-á o presente
E traz sempre consigo
    Os arcaicos grilhões
Que pesam e afundam
    Os corações abatidos.

(Deitado para dormir um pouco mais...) És
futuro, mesmo com o passado presente em si.

Não acredito no metafísico
    Aperfeiçoamento do homem
Nem mesmo quando
    Estou com muito sono.

As pessoas fremem
    Paralisadas pelo mundo-tísico.
Que fora construído
    Por impulsos áfonos
Que vão nos acuando...

Já somos incapazes de crer
    Que possa existir um 'ser'
Que viveu em comunidade,
    Em comunhão com seus iguais
Sem ferir o âmago d'outro
    Pois existir dependia dos demais.

Quero eu um mundo sem
quaisquer contradições?

Talvez isso seja pedir demais
    Até para meus sonhos mais ideias.

Mas saberia eu sequer que sou um ser
humano sem me reconhecer no próximo?

    'O fim da exploração do meu outro eu',

    Treme o futuro diante
das mãos do presente.

Margarida no deserto-incerto

Espero ver-te antes do fim... peço desculpas
por ter ficado tão longe de ti...

Sou um deserto de memórias por mim quebradas
Partidas,
      uma a uma,
           e largadas
                sob o sol;
Gastas, antigas lembranças,...
o tempo lhes seca...
Velhas recordações,... que se
perderam em si próprias.

No deserto de mim, museus de
areia sustentados por prantos,
Despencam,...
      mui rotos,
           retratos-frios,
                paisagens-olvidas;
Sustentam-me as dores,... sou
porcelana craquelada,
Sou Sertão rachado pelo fluir
d'uma vida que não pedi.

Escondo-me minh'essência como raiz
Nascida num ermo que não lhe pertence,...

Flor seca
      num jardim
           de mudas quietas...

Pousam em mim, os que vivem, por acaso,…
É mui amargo o gosto do meu néctar

Que dói,…
    que parece
        tudo-sempre levar…

Teto mofo, janela muro, escada cimento

Quatro ou seis
Escadas retorcidas...
Irregulares lances
Que se alastraram
Como daninhas
Agarradas nas paredes

Não há luz que chegue
Na janela da cozinha...
Sob a laje, sob a sala,
Sob outra casa ainda.

Como poderia o sol
Penetrar sonhos soterrados
Sob tantos desencantos...

E encontrar ali, através
Da janela-basculante,
O vacilante-rosto
Dos meus avós?

Persistem camélias
Em cobertas puídas,
Lavadas com afã
Em áspero granito...

Flores que cobrem o vazio
Dos âmagos sombrios,
Dos corpos hauridos
Com nomes bordados
Nos lábios dos outros...

Quatro ou seis
Vidas contorcidas,...
Talhadas em sangue,
Ergueram suas casinhas
Sobre pequenos alfinetes.

Seus filhos em cima de você
Transfixam-lhe sem saber
E enterram-te antes de morrer.

Sobre Ser Humano

Fornalhas infernais,
Com ferro a cintilar
Os açoites ardentes
Que querem irromper
O dorso do colosso.

Descendentes, Atlantes
Sustentam vossa vida
Mas não podem lascar,
Mas não podem! parar.

Semeados nos campos,
Onde o tempo arrasta-se
Por vais, encostas e
Mil serpentes d'água;
Porém! apenas os homens
Carregados se vão
Num calmo definhar,...
Num'Amargo desbotar
Do vítreo olhar que assiste
a terra arada dar
Seus frutos p'ra senhores
Que cobiçam perdurar...

Libertos só em chão
de fábricas atrozes
Qu'estupram sem remorso
Os humanos sentidos,...
Sangram, pois, os frágeis tímpanos
E as pontas dos seus dedos...
E a carne já não é
Tão forte quanto foi...

Finja que já não sofres,
mas as marcas desmentem
Suas resignações.
Perduram! profundas
Cicatrizes que
Seguem bem cavadas
A se alastrar...
Em todos corpos,
Em velhos barracos,
Em tortas malocas,
Em todos ventres,
Em toda a gente,
Que nasce para
Viver d'sofrer.

Acordem!
Palavra é
Poesia!

Perversa
é a paz
Que dorme
Sobre a fome,
Que subjuga
A miséria,
E se afasta
Do sangue
Alvejando
Suas roupas
Depois da
matança...
de fome,
doença,

exaustão,
depressão…

Tudo Junto

E tu
Segue
Mudo…

Flor do pântano do morrer

Desabrochei-me esmarrida flor,
Escondida sob'orvalho gelado,
Ouvia apenas os latidos do vento
E o teso-capim em candent'estalar;
Os pássaros ninguém poderia escutar
Pois, quieto, tornaram seu aguardo
Do sol que a tudo abandonara,...

Desapontei-me em marrom tétrico;
Solitárias pétalas aguardando...
Ai de mim, fui mudo desespero
Sem saber, ao menos, pelo que esperar;

E mesmo assim,...
E mesmo assim,...
Encontrei cálida melodia
Entoada em seus melados lábios.
Ó! jardineira que canta o nascer
do sol que fora para não voltar...
Até a flor do pântano do morrer
Que já perdera sua cor,
irá, por ti, reviver.

Desconheço o Todo e a Totalidade e a Completude...

Rio Preto, tão escuro quanto o que há em mim,
És apenas nanquim que
desembocar-se-á em folha
Entremeado nas fibras até deixar de ser tinta;
Agora, já não é mais... o que fora papel um dia
Pois perdeu-se entre todas as minhas amarguras.

(Rasgo mais uma folha, já não
quero mais escrever;
Pego outra; sinto tédio, sinto dor,
mas nunca sei o que fazer)

Palavras fendem-me, e seguem a me esculpir
Como gélidas ondas que nunca ousam parar
de tentar, seguidas vezes, vencer
meu quebra-mar...

(Triste paradoxo: grito, "parem!!", mas se
elas parassem... eu deixaria de existir)

Sou todas elas, as palavras, sem querê-las;
Em verdade, muitas vezes sequer
consigo compreendê-las,
E, também, nada sei da poesia
ou dos antigos poetas
Ou mesmo desta que surge de mim...

Ela verte-se de dentro, Ela veste-se de Pedro,
Ela é tão dorida quanto eu, Ela
é parte do que sou...

Quando eu morrer,
ficarão só esses poemas que eu
mesmo não entendo.

Em Sampa, Abraço-Perdido é Suicídio

Ouse dar-me mais tempo, ó meu Pai,
Arrancá-lo-ei de mim o que me destes,...

Sua obra tornar-se-á cacos de si
    – Espalhados pelo asfalto paulistano –,
Muda em meio aos gritos de horror
    Do passante que se comove
pela primeira vez em toda sua *vida*.

(O presente é um inventário de
mórbidas convulsões,
A determinação primeira é nos
desenterramos com elas...)

Pois, rejeito! Guardem consigo seus pesares
De nada valem neste mundo vigente
Que faz de si o inferno; abismo, disfarçado
De belíssimo-generoso-e-caridoso abraço,
Ternura sentida somente por quem cega-se...

(O futuro deveria munir-se da
crítica do passado-presente,
Mas nunca corrigiremos aquilo
que não se compreende...)

Pergunto-me, porém, se meu corpo póstumo
Poderia revoltar-se com a apatia
dos que ficaram...
Tão machucado são os pés do proletário
Como então poderia olhar para outras feridas

Que não lhe pertencem pois
ardem em corpo alheio;

Ouçam então: os corvos arrancar-lhe-ão
primeiro os olhos,
Pois tudo dói mais quando não
sabemos o que nos fere...

***

Pergunto-me, também, como ficará meu amor,
Percebendo meu corpo rodeado
de sonhos vazios...
Será que lhe arrancarei nossos
doces anseios de uma só vez.
Extintos entre uma multidão de
apáticos corações cansados?
Píramo e Tisbe já não tem tempo
para se encontrar...

A rachadura, na parede de tijolos, continuará lá,
Onde os cantos apaixonados
ainda poderiam s'encontrar
Mas como hão de fazer isso,...
um morto e outro não?
Restará a ela, tão somente,
somente viver seu imo-luto,
em um mundo no qual já não há tempo
para chorar pelo que se foi...

A prisão dos mortos tem que
ficar cada vez mais longe,

Pois todas elas devem punir quem
se foi bem como quem ficou
Lá, se por milagre achares minha lápide,
lágrimas cairão em terra estéril,
Pois ali, debaixo da tristeza, estão
incontáveis corpos explorados
E o meu seria apenas mais um deles;
mais um sonho enterrado...

***

Atirei-me ao subsolo, pois de si não se pode fugir,
Aqui inteiro sou a estranha paciência da morte
Que sustenta a cada vez mais frágil
carne dos meus dedos tortos;
Eles, os dedos, dançam como antes,
pois ninguém pode fugir de si,
Contrações *post* -*mortem*,... pois não posso
deixar poesia minha a própria sorte.

- Caronte, meu mais novo camarada, descestes
do vasto cosmos para m'encontrar aqui
Teu irmão, sou então, afinal nascemos em luas
diferentes, mas da mesma *flor da escuridão*,
O destino nem sempre é rude! Hoje,
excepcionalmente, ele reuniu legítimos parceiros
Imediatamente íntimos, pois ninguém há de
estranhar os remos dessa vetusta embarcação
Amigos, pois no inferno não há moedas,...
há apenas um ou outro companheiro...

Sigamos nossa viagem, pelo rio
da morte, pelo rio Tietê,
Remando sem descanso, contra
a correnteza do futuro

que tenta sempre nos distanciar
do nosso passado...
Olhemos para ele, uma vez mais, com cuidado
Conte-me, caro amigo, uma
história guardada com você!

Move a boca selada por mil sóis e mil luas;
o castigo dos deuses, de quem navega sem
conversar com seus passageiros defuntos.

Nas águas do Nilo, pequenos mamíferos
roubaram para si a centelha divina
O Verbo fora dominado pelas hábeis línguas,
porém a eternidade lhes passou despercebida
Tão pouco é tudo aquilo que alcançam para
aqueles que ignoram seus semelhantes
Ergueram para si pirâmides, tentaram arranhar
os céus,... pois, nos outros não se enxergam,
Mas precisam que os demais os vejam gloriosos
como sóis no topo de seus minaretes...

Falo só das crianças, que antes lambuzavam-se
com os frutos do Vale do Jordão
No entanto, habituei-me a carregá-las ainda
mui miúdas em desesperadora fração,
Atravessam os planos, frágeis
como areia, carregadas entre Euro
e Zéfiro em negros navios...
Chorei,... fui castigado,... pois sou eu tão
somente mais um (profano talvez) trabalhador
Sigo remando enquanto seguem gemendo; e
desta expansiva crueldade nada compreendo.

Nunca antes… perguntaram-me o
que a minha consciência me diz
Enfim, descolaram-se os lábios, pois
meus castigos são o remo e o silêncio,
Primeiro porém, proibiram-me de guardar
em minha alma qualquer mentira…
Gentil alma, to digo, carrego-lhes sentados,
calados, quietos em madeira minha;
Sofro muito, pois nos olhos confusos há estranho
alívio,… sofrem menos aqui do que em vida.

Caronte, com o estalar dos dedos,
inverte o curso do rio,
        Remar contra lhe é proibido, mas
ainda lhe cabe o desaguar do destino…

Os corpos!, Os corpos não param de se
chocar contra a madeira da proa,
Grito eu desesperado vendo as vidas
que correm para nunca chegar,…
Assustado com o sem-número daqueles
que se desprendem dela,
Jorram, os corpos póstumos, como água
nova que surge d'uma nascente
Formando o formoso rio de corpos que
se vestem de espinhenta coroa…

Eis a distante Serpente que, como todo
Pai, é para sempre ausente…
Ela incha seu estômago com os filhos,
Cristo, nós e os que estão por vir,
Homens embebidos de peçonha-morte…
Erguem para si vigas de oliveiras,
Armam-se com ferros para balearem
a si próprios na cabeça,

Forjam as lâminas que vão lhes
desembainhar as vísceras...

(Grito a plenos pulmões; pois temer a vida
já não cabe mais para quem morreu)

Suicidas, esmagados, esquartejados,
proletários, escravos, exauridos, uni-vos!
Contra todas as correntes,... contra
todas as correntezas paralisantes
Não ousem perder 'inda suas cabeças
sob fleumática servidão
'Inda tentarão mil vezes nos matar,
mas nos recusaremos a morrer!
Atrevam-se! Ousem então! Atrevam-se
mais uma vez! Ousem viver!

***

O que é o purgatório se não o descanso para
quem viveu todas as desumanidades da vida;
O edifício *Pentehouse*, por exemplo, é uma
escadaria que almeja alcançar o céu burguês
Acima dele, apenas os anjos, abaixo —
todos aqueles que vivem de sobreviver;
Seu maior feito arquitetônico é esquecer
um bairro inteiro na miséria...

Eis o verdadeiro inferno.

Os olhos se abrem depois da morte para ver
O autêntico purgatório que fez
morada em São Paulo
Mas não apenas na capital paulista, não
apenas no país que lhe envolve...

Eis o pesadelo que escorre dos febris pesadelos
e transforma-se na realidade por inteiro

Em Sampa bala perdida é abraço, Entregue pelo
burguês ou pela trinta e oito de seu carrasco.
Para compreender tudo isso, basta ser...

Pois, ouçam com atenção as palavras dos
vermes que se vestem de leveza d'algodão
Enquanto ignoram os infinitos corações
esquecidos no Leste violentado
Por antepassados que também desejavam, bem
como seus descendentes, ser divindades-alvas
Cada vez mais altas, mais brancas, e por
isso mais distantes dos que diferentes são
Tamanha distância que cabe aos que ficam só
sofrimento, pois são indignos de empatia...

Sujemos, então, as unhas de terra mais uma
vez, cavando pouco a pouco túneis profanos,
Antes covas sob minas, bancos e *plantations*;
estenderemo-las até encontrarem
As vidas, os sonhos, as famílias, as
ambições, desses terríveis monstros
Que engordam com nossa fome, que gozam em
nossas filhas, e que dormem sob nossa vigília
Pois, imaginem que horror, sonho algum
dessa gente se ergue sem nossa dor,...
Escutem, escutem, pois lhes arrancaremos
as vis palavras de uma vez por todas!

Para o chinês pérfido e o indiano seminu;
Para os povos felizes, livres, humanos e bravos,
Para os povos malvados, para os pretos escravos

O futuro levaremos, pois da tarefa
universal não fugiremos

Sob nosso domínio eles [e nós] hão de prosperar;
Lavouras, Pirâmides, Canais, Palácios, devem entregar
Honrando a memória dos antepassados
que assim fizeram
[ainda] morram como eles; as glórias
[nossas] ofuscarão os abusos...

> — O império sustenta-se com a miséria dos seus,
> Quanto mais pessoas são subjugadas,
> ainda mais sofrerão
> Assim foi na África, na China,
> ou mesmo em Bengala,
> Também aqui o presidente repete
> as palavras dos senhores,
> Ecoadas desde tempos mui remotos,
> para sempre o mesmo repetirão
> "Falar que se passa fome no Brasil
> é uma grande mentira"

... palavras malditas, vozes malditas,
poemas malditos, malditos escritos
Registrados ao longo da Era dos seres
desprezíveis; agora, calarão!
Das periferias, das favelas, dos guetos,
das valas, das malocas, dos barracos
Vagabundos, e trabalhadores, e pretos, e
pardos, e índios, e sem-terras; todos pobres,
Sob uma única rima, uma só voz, todos
os ouvidos do mundo lhes escutarão

Começa, enfim, na Paulista, a Valsa
do Estrangular dos algozes...

Eis o presente que o passado nos deu.
O presente é a luta contra o passado!

Eis o que nos foi dado

Tarde chuvosa de verão na fazenda

Barbosa, meu querido amigo,
dê-me um pouco de fumo;
Quero Veio Pimenta!, pois entre
nós só ele é querido,
E pouco importa se isso faz qualquer sentido,
Afinal, enquanto lagarteiro nesta perfumada terra,
Tenho certeza que o melhor dos
tabacos cresce nela...

Doce cheiro,
me faz muito feliz

João, João,... peço que com a
chuva não se preocupe não;
Chegou em boa hora, a grama e
as árvores sentiam sede
Deixe que traga consigo a mais
forte das ventanias
Basta agarrarmos com vigorosa
leveza a seda qu'escaparia,
Esconderemos nela, com destreza,
o fumo qu'esvoaçaria...

Bobo desespero,
me arrancou risos

Juarez peço-lhe o excelentíssimo
isqueiro-centelha
Contra as forças da natureza,
fumar, rir e viver sem rumo
São as pequenas relíquias que
guardarei sempre comigo

Amor, amor, amor, você ainda quer morar comigo?

Meus sonhos. Derramados na espuma do mar
Sob o corpo deitado. Meu amor na areia molhada
Doce vida em batom. Como seda rubra apertada
Contra minha bochecha para sempre marcada.

Os lábios do teatro escondem a fundura do amar
Juntos somos um. Só, sigo sendo tão-somente um
E quando se vai metade de mim.
Falta-me o lado bom
Nuvem solitária no céu. Choro
por não ser sempre azul.

Três passarinhos

Duas árvores, uma macieira e
outra de raízes profundas
Tão fundas que há muito
penetraram no seio da terra
Encontrando lá um fruto para
chamar de seu, vida.

30 de agosto/ 24 de dezembro

O vento carregava as vozes das
radiantes folhas primaveris
Da seiva da mãe, o espírito da revoada
irrompe pela primeira vez!
Cortam o ar finalmente, com suas
asas, os três recém-passarinhos

Sem rumo, inventam-se, perdem-se
e encontram-se pelo mundo
Enquanto as árvores seguram o velho
ninho, fingindo serem inabaláveis
Mesmo que agora, diferentemente de
outrora, o ninho seja três vezes vazio

Corações fraternos alimentados somente
por meio de distantes notícias
Que lhes chegam aos ouvidos tão
mais distantes, tão insuficientes
Nos corações para todo o sempre
tristes, tristes, tristes…

Santa Aparecida

Minha querida Aparecida
Vó, também santa bendita
Dançavas com suas agulhas
Bailarina das amarguras
Os dedos, maestros do bordar;
Todas as belezas desse mundo
Num pano de prato de secar

A formosura da natureza
Cultivada em vasos trincados
As angústias de uma vida
Desabrochadas em cores
Das flores do quintal
Que regavas com água e lágrimas;

Chorava, a minha vó,
para que seus filhos, suas flores e
suas dores não chorassem.

Hoje, singularmente, foi seu coração
Para todo o sempre capturado
Em cera de vela de rezar
Como daquelas que tinhas,
Em casa, espalhadas

Descansa, a minha vó,
repousada nas graças do mundo que ela tanto cuidou.

Ela samba

Moça linda dos cabelos cacheados
Às vezes penso que inventaram a música
Para poderem admirar tua dança;
E todo violão seria apenas uma caixa vazia
Se tu não o preenchesses com sua alegria

Viagem ao litoral

> *... Uma memória distante, como*
> *todas as memórias ...*

O ronronar dos carros...
Enfileirados como soldadinhos
[de chumbo
Descendo a Serra
Sem nunca descer...

No horizonte
Tão distante
[quanto o céu
A infinitude das ondas
Que não se cansam
De excitar a imaginação...
Do encanto ao espanto

Imutáveis as colinas
Não obedecem às mesmas
[leis do mar
Não possuem fim
Por não conhecer o quebrar
E, portanto, princípio também
as colinas não possuem.

> *, prisão /*
> *Labirinto /*
> *verde /*
> *prisão /*
> *de metal*

Os soldadinhos marcham,
Lentamente,
Alheios a sua sina.

A sombra do tempo

O poeta está sozinho, tomando
sol na varanda da casa.

A sombra do tempo, O vento
O tempo faz sombra na alma
O tempo faz sombra no rosto
A sombra do tempo, O vento

    Carrega consigo
    Apenas brevidades
    Distantes memórias
    Há muito perdidas

    Guardadas em si
    No fim,…
    Deixarão todas de
            [existir

Quadras tímidas; A brisa gelada; Quase
nada rima quando você se vai

– Tenho medo – pensa o poeta –
Tenho tanto medo de perder
Esse sorriso que 'inda hoje
Em teu belo rosto pude ver.

    Terrível pesadelo que sonhei
    Tê-la durante breve tempo;
    Restaram rimas sem inspiração
    Aqueles todos versos qu'dizem 'Não'…

Não
Ela já não…
De fato, não…
Ela já não está mais

Tratado sobre os agouros

*Dentro do Teatro dos Agouros, a cortina esconde o
palco que – quando descortinado – parece invadir
os assentos de tão apertado que é o prédio onde
fora instalado. Confundem-se a inquietação,
o ar abafado e a ansiedade para o começo do
espetáculo. Finalmente, as cortinas se abrem,
Ele e uns anjos entram em cena. Ao fundo um
céu tão profundamente escuro, tão vazio, que
parece ter engolido as estrelas e agora devora
para si todo o prédio, todo o público e os atores.*

Parte I

Nasce o poeta.
        Morre o torto pestilento.

A gloriosa torre cresceu sob Teu ser,
Da receita do antigo *Caementu*
Surge um inalcançável retângulo vertiginoso!

Regozijam os anjos do livramento!
A coroa de querubins sobre Teu ser
Confunde-se-me com'brilho ominoso.

Um torto, pululando de peste, desafina,
"Suas mãos serão as minhas", anuncia.
O coro grita, "Deus de si!
Rá! Impávido Rei dos Céus; ao chão atirou-se!"

(O grito de desespero vem em uníssono
dos espectadores, em seguida Silêncio)

Antes, regular amontoado de osso e carne,
Agora, transfigurou-se em desconexão,
O fêmur p'um lado,
             Os dentes p'outro.
O braço, em si enrolado,
             O coração correu solto.

O calabouço da alma foi tarde
O princípio finalmente faleceu
O verso inaugural em letra q'arde,
Enfim, a morte concebeu a criação.

(Os anjos correm desbaratados, e
o público segue paralisado)

Da torrente difusa de confusão,
Da mulher esculpida em barro e sangue,
Escorre o feto de mãos tortas,
Nasceu então o primeiro poeta.

Sobrevivente do pecado obtuso
Do cadáver da mãe, o elixir da vida.

— Doce são as pessoas mortas
Não exigem qualquer verso idiota
Não se importam com transformação...
Doce é o aroma estagnado do pútrido mangue —

Um olho mais claro que o outro... é confuso
perder-se na própria alma dissolvida.

(Os anjos encaram a figura nova com
desconfiança, mas acima de tudo, sentem ciúmes)

O mais irritado dos anjos traz a revelação:
"Manchada está a primeira Palavra!"
Os outros, inflamados, reverberam:
"Manchada está a primeira

Palavra?!!"

Naturalmente, sem precisar d'Inquisição,
O torto pestilento fora culpado.
Com a corda, pelo pescoço o levantaram
E desfez-se em morte quando o
sisal esticado fez um dó.

Parte II
O fim dos anjos.
    A primeira poesia.

O torto-morto em pedaços foi quebrado,
Os anjos fizeram-no de banquete...
A comilança durou até o torto virar pó.
Bichos, livraram-no do seu sofrimento,
Entregaram à sua torcida civilidade... A barbárie!

Dois ou três comilões sufocaram de repente,
Os rostos azuláceos-macaron de pâtisserie,
O pulmão ardia, mas esperneava em silêncio.

(A maioria dos anjos, horrorizados com as
mortes seguintes ao assassinato de um dos seus
— o torto —, saem de cena e deixam apenas
dois e o poeta. O poeta está despido e sujo de
sangue... sangue seu, da mãe, e do torto)

Os querubins vislumbraram
Um pedaço do Suicida no poeta,

Escondido na umbra da tristeza
Que dele caia para o papel.
Bastou ler uma vez e se derramaram
Em um lago que refletiu o céu,
No céu um anjo se fez girassol e beleza...
Nascera, enfim, a celeste estrela d'uma opereta.

"Ah", replicou o poeta, "tudo isso é belo,
mas as notas são suas,
e eu,... e eu sou apenas instrumento,
instrumento do meu próprio tormento.
Dizem-me, 'Pedro, no mundo derrame poesia tua'
Mas sinto que tudo isso é tolo
O que hei de eternizar senão
minha finita pequenez?
O que pode nascer de um ser fugaz
se a própria vida lhe escapa
Diariamente aproximo-me do fim,
Sinto que fiquei p'ra trás
E o sopro da vida é um tapa
Lembra-me que sou apenas um *serzim*...
Não criei nada. engesso-me aqui dentro.
nasci cimento e tudo está preso
À mão torta que se esquece de rimar"

(O poema fez o sol se pôr. A escuridão
reinou no teatro e os anjos, sol e
mais um, anunciam ao poeta)

Doce amargo ser
A vida esconde-se por ti
Mas receba ao menos um presente:
O reflexo do sol nasce aqui
Entre a escuridão, entre o ausente,
Até o instante que ele renascer.

A lua é tua p'ra lembrar-te do brilho teu
Que perdurará, mesmo na escuridão, até
encontrar aquilo que serás eternamente seu.

Parte III

A primeira paixão
    A eternidade do bronze

Pedaços de si caem durante a vida morrente,
Nasce da vivência o deserto dos próprios restos.
O chão queima-lhe a sola dos pés,
E o brilho do sol cerrou-lhe as pálpebras.

Diz o poeta, "Cacarecos os quais
finjo que não me lembro,
Porém traem-me as pérolas que
escorrem meu rosto
E elas engrandecem essa existência estéril...
Ó, doridas,... memórias,... molhadas

Sou apenas um instante de repente
Vivo na doce servidão d'eterna
saudade e relembro...
Sem saída, entranho-me em
minha companhia o sexto,
Herança minha são as mãos tortas
e meu olhar funesto.
Herança minha é reencontrar-te
escondida no rodapé,
Ali, tu, feito um gatinho pueril,
Olha-me sem entender palavra,
Escuta-me sem entender nada!

Palavra, juro que realmente não compreende,

Quando digo que amei em mim somente
A dorida contração dos lábios…
Que, jocosa, escoava pelo ar
E reverberava sempre de teu coração,…

Amo-te.

De que valem os céus e os palácios,
Se neles não me há nada familiar
E só em mim mora o meu coração.

O sol queima teus pelos felinos e arde em bronze

Bah, pois,… mancharei com minhas dores à terra.
Hei de me eternizar em fracassos
Rabiscados em papéis nunca publicados,
Em meus manuscritos que
arderam no alto da serra
Lá onde toca-se o sol enquanto as
letras refugiam-se na sombra…
E, no fim, não lembrarão ao menos
onde fica minha tumba…

Nem o meu gato,
Nem o meu Mefisto.
Nem o meu amor,
Nem o meu horror.
Nem o meu nome,
Nem o meu eu.

Os mortos não derramarão nada por mim…
Afinal, os vivos já não derramam lágrimas
por eles mesmos ou por qualquer outra lástima.

E minha mão torta continuará a desfigurar

Toda beleza, toda palavra e todo rimar,...

A finita eternidade da poesia seria
apenas um fim postergado"

(O sol, entristecido, deixou de iluminar, e a
lua, sem escolha, apagou-se com ele... Não
há mais luz no teatro ou em lugar algum; na
penumbra surge um vulto esquizofrênico, sem
forma e sem vergonha de ser apenas treva)

"Ora", disse a própria escuridão,
"Deixai toda humana vida esbarrondar-se!
Mas tenham a decência de apagar as luzes,
Aqui não há centelha qualquer de graça,
E vocês apinham-se como se
estivessem numa praça,
Indecentes, desgraçados,... a
semente da podridão!
Não pensam em ajudá-lo, cruzes!
No teatro se vê q'a empatia escafedeu-se
E o mundo se desfaz diante dos teus olhos
alheios de plateia q'aplaude a ruína
O poeta se desmonta diante dos teus olhos
E vocês, se divertem tal qual lá fora,...
Mas lhes recordo que o teatro reflete senão a vida
E aqui no espelho. Eu enxergo,
Seres mesquinhos, gente cínica...
Agora, ai de vocês hipócritas, vão

Embora! Agora! Embora!"

Parte IV

O bronze eterno ressoa.

O fim da peça sepulta o teatro.

(O vulto transformou-se numa ventania que
percorreu pelo coração daqueles que estavam
na plateia, uivou em seus ouvidos, um som
metálico de algo se rasgando. Imediatamente,
o vento abriu com violência portas do teatro)

Bronze,... ao longe, onze sinos retumbaram,
Anunciando que algo entrara no teatro...

Coisa estranha, parecia a miragem de
uma larga igreja de pedra escura
Assustados, homens e mulheres
levantaram-se em desbarato.

Uma enorme fila formou-se em
frente a porta aberta
Que, sem deixar ninguém escapar,
parecia encolher-se no ato.

A igreja esmagou uns azarados.
Sangue azul esguicharam.
Cansados de esperar, os mais impacientes
arranjaram um banquete com carne de pato...

Dos bolsos, um mignon frito embrulhado
e uma tortinha de maçã,
A mando d'um coronel, serviram tudo
numa pesada mesa de espato...

Uma das bocas, lambuzada de
sangue, exigiu uma toalha fina
Pois seu gato branco incomodava-se em
ver as pernas da mesa: Criados pretos...

Surgiu para as serpentes um
tapete turco cor de rã,
Beberam dos mais frágeis o doce mel de exsudato.

Depois, bizarramente, ajuntaram-se
todos na latrina,
Lá, de tanto comer, morreu até o gato.

Fim

(O silêncio dominou o teatro e restava apenas
o poeta dentro do Teatro dos Agouros. Através
da porta que deixaram aberta, penetrou
na infinita escuridão uma luz branca)

Submerso na escuridão,
Esquecido pelo sol e pela lua,
Acima de nós nascerá eternamente
a estrela d'alva...
Alheia ao que acontece nas ruas
Incrustada no céu como pedrinha d'alma
É esperança débil que apagar-se-ia com um sopro
Se não estivesse tão alta quanto pode.
Ah, doce auriflama, laranja cintilante,
Encontre o vencido homem,... lhe acorde...
Resguarde-o em teus braços dardejantes...

O céu lembra o homem que ele pode sonhar...

Diz o poeta, "Somos falhos e morrentes,
Mas queime-se com a chama ardente
De quem nunca deixará de amar"

FIM

HORROROSOS SONETOS HORROROSOS

Tarde de Preguiça

O seio da terra
Se oferece bojudo
Para o céu e para mim
Me deita em cetim

No balouçar da grama
Me esconde no fecundo
ninar da colina verdejante
Sem deixar que eu me levante

Na sombra fiz-me arbusto
Que descansa com ânsia
De nada fazer em demasia

Da tarde colhi-me fruto
Onde, fadigado, dormi
Astro me deitei e solar-renasci

Dois Cavaletes na Rua dos Peixes

Cavalos me mordam!
Uma carroça-marfim
Sobre corpos negros
Conduz um coração
Que bate feito mar
Pro andar do fiacre...

"O que é um frade?"
Pergunta um corpo
E responde o outro
"Não sei, mas dói
Em nós seu andar!"

(Passam, o fiacre e os corpos pela rua
Cinco, depois pela rua dos Peixes)

"Que belíssima pintura
O sinhô hoje pintará?"
Questionam ambos,
Velhos e usados,
Ao vindouro pintor
Que mira suas tintas...

"Ora,... que mais? Olhem para cima
Acharão formosa
A vida que nunca
            [terão
Para ela, essa vida,
Criaram-se tintas"

(O pintor pisca para os dois, separa dois
cavaletes dispostos lado a lado)

O fiacre cai no chão

"Inventaremos então"
Dizem os três com paixão
"As nossas próprias cores!"

Madrugada Amorfa

O escuro é calado
O silêncio é madrugada

Tenho medo dos meus sonhos
      sonhos pesados

Furta-Cor

Poesia furta-cor
Faça-me o favor
De roubar a dor
Que faz em mim
        sua morada
Em cada cômodo
Da turva memória
Mais um cacareco
Do que um dia foi

No armário da
        cozinha
Um prato-alumínio
Esconde dois risos
De miúdas crianças
E um zeloso cão
Por vontade d'artesão
Velará sempre os sorrisos
De amba as crianças

A poltrona da
        sala
Há muito abrigou
Uma mãe que ali,
Exausta, sustentou
Seu filho no colo
Seu filho no seio
Quando me sento
Na poltrona já
        restaurada

Ela parece eterna
Brandura materna
Que não nos deixa
Esquecer de sorrir

***

Poesia furta-cor
Faça-me o favor
De guardar essas
lembranças boas
Cacarecos de mim

Janela

As faces do mundo
Espia dentro-e-fora
A família d'imundos
Primavera d'amoras

Tu
Colhes da chuva teu choro
Mas seca-as, as lágrimas,
Escondendo-as até de si...
Ser diáfano, invejo que
você finja não existir
E a vida que lhe perpassa
Não poderia te machucar

Eu
Que com tudo me comovo
Meus olhos espectadores
Do mundo. Minhas dores...

Em março, quando eu fazia física

Tão quente. O ar apitava feito chaleira
S'escondiam as sombras do mundo
Já era meio dia para o coração atento

Pombas passeavam pelo chão
Entre as pernas suadas de uma fila esfomeada
Aguardavam, da barraca de pastel,
cada um a sua migalha

Pedaços de mar navegavam pela pele
Castigada pelo calor da Trindade
Na ilha do morro, mar e da saudade

O ventilador, feito Dom Quixote,
Era o único que seguia sem se queixar
E eu, que nada compreendia da vida,
Deitei na grama para aliviar-me
um pouco do calor

Afundamento

Eu – espelho d'água –
Sou
Mas nunca estou
No esverdeado olhar
Desse eu oposto.

Eu – escultura de carne –
Guardei em mim o céu
Mas quando tentei me alçar
Revelei-me tão frágil
Quanto uma simples nuvem
Que se dissipa com o vento
Alheio, o vento, a meu leve intento

Eu – o que será de mim? –
Minh'alma
Desvelada
É estranho estanho
Que me cobre
Pesada

Afundo Profundo
Não consigo m'alçar

Profundo

Afundo

Sonhos Mudos

No quintal
   O crepúsculo dos sonhos
Regente das cores do mundo
Sorvendo o resto do dia
Em amarga ausência

A cacofonia dos bichos,
                calada

Eles que são todos iguais sob olhar da lua
Cada um com sua particular agrura
Aguardam todos o descanso de ser
Ansiosos para, no dia vindouro, se reaver

Sentados, dois amigos…
Entre goles de café e de solidão
Velhos preconceitos. Frágeis convicções
Que escapam dos homens sem que eles mesmos

   Escapem delas

………………………………..

Outra vez, no quintal,
   O crepúsculo dos homens

Pintando suas almas
Com sonoros barulhos
Desesperos agudos
Em cores áfonas
Transformadas em gritos

Interior

    O grito

Que perturba

    O sono

Seria melhor morrer

            Que viver

Para, em vida, ver a morte

dos próprios sonhos?

Ocupação dezembrina antes do temporal

Servido – estava – o banquete
sobre casas de pau a pique
A festa e seu entorno cobertos
por uma vistosa seda azul
O tecido celeste cobria o desalento do campo
Era dia de festa e não dia de pranto
Então, a miséria se vestia de piquenique
Enfeitaram-na com geleia de frutas,
Pães, queijos e café com açúcar

A realeza-burguesa
Senta-se, mais outra vez, bem servida
Pela sua mais estimada escrava
A miséria-benquista
E, embalada pelos tambores ossudos da fome,
A miséria alimentava a gula de poucos
Enquanto definhava em vida os outros
Tentando satisfazer
Aquilo que não pode ser saciado

Esqueletos, já, jogavam-se aos pés,
Cegados pelo véu da carestia
Imploravam por uma única migalha
Dos restos que repousavam em cima da toalha
Mas, impedidos de tocarem mesmo as sobras
Nada restava aos homens
Além de devorar suas próprias humanidades

....

Terminada a festa, ficou apenas o insone poeta

Sob o bloco cinzento de nuvens
de chuva vindoura
Com os primeiros pingos batendo na janela,
Ele, o silêncio
e a contradição apanhada em suas mãos

O poeta é a voz que ocupa o
mundo com a palavra!
E não existe beleza que se alimenta da tristeza
Eis o verso
Que anunciava a primeira trovoada.

Amo

Desde o primeiro encontro
Meus olhos esverdeados
— Oceanos do passado —,
Imóveis
Diante do tempo
    descompassado

Encontrei-a só agora
Mas amo desde sempre
Como quem encontra
Poesias
Perdidas em livros
Da estante
Encontrei você em mim
Como se sempre estivesse aqui

Logo eu
Poeta construtivista
Trovador de cantiga
Caçador de palavra
Eu, que sou só eu,
Minha eternidade humana
Não é tão eterna mesmo quando ama

Eu
Que tenho apenas meus frágeis versos
Para guardar um pouco do que sinto
Então,
Ao meu amor
Dou-me em vida;
   E beijo-a com eternidade dessa rima

Submarino

Meus pés marítimos
    Esgotados de tanto pesar
Desaguam num domingo
Ensolarado e cansado
Cansado demais para pensar

Meu corpo descartado
    Na areia da praia
    É feito onda do oceano
Que vive de imitar
Sem nunca se questionar

Na leveza das nuvens
    Meus pensamentos naufragam
    Audaciosos sonhadores
    De olhos cerrados
Exploram os mares

    Flutuo em fossas abissais
Perscrutando 'inda mais fundo
Procurando todas cores
Das quimeras fantásticas
Coloridas feras marítimas

Esses submarinos da imaginação
Qu'estudam o mar feito tela
Com a paciência de um domingo
Desenham-se aquarelas

Pastel de Feira

Ainda ontem mordi
Um pastel com vinagrete
— De repolho —
Lambuzei meus dedos
Com a fritura
            Dourada-infância
Que hoje queima
Como nunca queimara antes
E me dá uma puta azia
Tipo café
Só que mais petulante

Não é nada novo
Pastel de queijo
É gorduroso

O corpo grita
À cabeça dura
— Toda ruim —
Cheia de métodos
Repete os hábitos

"Me vê um pastel, por favor,
De queijo
        Esse me lembra o da vó"

Cabeça baixa Coluna torta

Entrei
— Cabeça baixa
Coluna torta —
Acho que ninguém percebeu
Foi o médico quem observou
E ainda não contei para ninguém
    Vou deixar para depois
    Uma hora mais apropriada

Onde foi que eu entrei?
Não sei
Quem sabe?
Quem se importa?
Porém, as fuças torcidas
Já me disseram tudo de cara
Cheguei em má hora
No apagar das luzes
E logo vão todos dormir
Cada qual com suas cruzes

Acho que falei
Mas alguém escutou?
Quem liga?
— Voz baixa
Mente torta —
Era melhor mesmo não ter falado
    Permanecer calado
Terrivelmente calado
Feito minha primeira cadela
A Petit
Que já faleceu

E que quando morreu se calou
Mas até que ninguém se incomodou
Porque pararam de pedir para ela parar de latir

Escrevo
Para algum leitor, não sei
Sei lá
Muitas vezes é pra mim mesmo
Mas há almas caridosas
    Que sabem: O tempo é uma esmola
Então, damos uns aos outros
um pouco de atenção
        Antes de partir

Tempestade

Uma flotilha de nuvens
Vindas do horizonte
Rajantes cinzentas
Tomaram o céu de assalto
E o que era dia extinguiu-se

... Abrigam-se os que podem...

Se lançam contra o anoitecer
Os que não tem outra opção
Encaram. Assustados. Defronte
A flauta. O chocalho
        A chuva. A ventania
A orquestra do fim do mundo
E o ribombar dos golpes oceânicos
Contra o peito
        Contra o tempo

Traga a vida
        Tormenta!
Arrasta-a
        Tormenta!
Rajante. Cinzenta.

E tudo pode acabar
Sem que o sol
Volte a raiar.

Rio de Janeiro e/ou Ventilador de Teto

Sonho Pesado
Díade da insônia
Prelúdio da noite quente
Maçantemente abafada
Como se
— De alguma forma —
                    Premeditada

Pesadelo
Transpassado n'quarto vazio
Prisão do olhar estático
— Fixado —
No ventilador-boi-de-engenho
Marcado à ferro
Moinho do tédio
Escravo da melancolia
Obra de um tal relojoeiro
Artesão da fuga do tempo
Mestre da agonia

Neste Terrível Devaneio
Revi o teu riso lilás
No meu rosto deformado
Perdido há muito tempo atrás
Impossível reencontrar
Pergunto-me onde está
Mas é impossível m'achar
Tão distante de mim…
— Quando é que me perdi?

E porque diabos me revi
Esquartejado por mim mesmo
Por
    pequenos
        tiques-mecânicos?

... Sem resposta... Voltei a dormir...
... Sem resposta... Voltei a acordar...

Enfim,
Ao menos
Pararam de tremer
As mãos —
Pregadas ao meu ser
Verdadeiras artífices da solidão.

Não choreis, um dia nos encontraremos no céu

Lápides de mármore,
Outras de ferro enferrujado
Espalhadas lado a lado

Pungentes-saudades
Encobertas pelo jardim
Que não para de dar flores
Desabrochadas em mil cores

O cemitério
 Gentilmente
  Da vida à morte

Domingo. Tu

(Tarde. Céu azul. Nuvens cinzas. Algumas)

O domingo estava quieto
Paciente. Observador
Escorrendo devagar
Curioso. Atento
Retendo-se no instante
Breve momento —
Teu vestido listrado
    Demoradamente azul
Teu cabelo preso
    Castanho-fogo
Teu júbilo
    No meu sorriso
Tu. Fazendo massa fresca
Com farinha na bochecha —

Tu. Dançava
E eu dançava contigo
O domingo
O domingo descansava
No balanço do teu vestido

Último Poema

Pela poesia toda. Agradeço a minha
amada companheira. Nathália.
É engraçado pensar que, antes de conhecê-la,
eu, apesar de ter o hábito de ler, não dava bola
para a poesia. Não sei o motivo. Mas dei sorte
ao encontrar uma figura gentil que vive de
estudar literatura e, principalmente, poesia,
pois foi inevitável que entre as nossas conversas
sobre leituras, ela me apresentasse seus poemas
preferidos com o mesmo entusiasmo e carinho
que estão, sempre, escondidos em seu sorriso.

Agradeço também ao meu querido irmão, João.
Me lembro que estávamos em uma livraria na
Savassi. Ele me ajudava a buscar um presente
para a Nathália quando ele puxou um livro,
O Percevejo, cujo autor era completamente
desconhecido para ambos, mas que, pela
capa atraente e por uma leitura rápida do
texto, decidimos levá-lo. Só então descobri na
poesia, no teatro e nos textos de Maiakovski,
um dos autores mais incríveis que já li.

Por fim, um beijo ao meu amigo de poesia, Chico.
É com muito carinho que recordo as muitas
vezes que ele desvelou a literatura para mim
com a mesma prosa encantadora e apaixonada
com a qual ele prende seus amigos quando
conta causos ou discorre sobre um assunto.
Ter seus versos comigo é um privilégio. Volto
a lê-los sempre que preciso de um sorriso no

meu rosto. São incríveis e sempre retorno
para a leitura quando quero saciar um pouco
a eterna saudade que sinto do meu querido
amigo — sempre espero encontrá-lo no tempo
mais breve possível. Ele e todos meus amigos.

Sem vocês eu nunca teria escrito verso algum.

- editoraletramento
- editoraletramento.com.br
- editoraletramento
- company/grupoeditorialletramento
- grupoletramento
- contato@editoraletramento.com.br
- editoraletramento

- editoracasadodireito.com.br
- casadodireitoed
- casadodireito
- casadodireito@editoraletramento.com.br